AF329207

PÉTITION AU SÉNAT

SUR LE

RÉGIME DES ALIÉNÉS

EN FRANCE.

1865

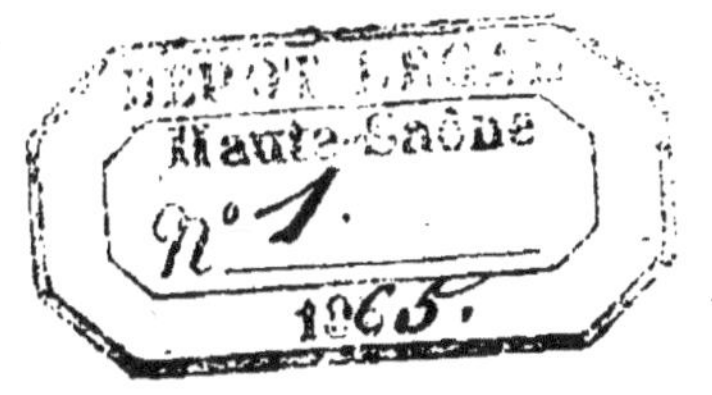

PÉTITION AU SÉNAT

SUR LE

RÉGIME DES ALIÉNÉS

EN FRANCE.

—o:o:oo—

Messieurs les Sénateurs,

Je viens faire un appel à votre pitié et à votre justice en faveur des malheureux aliénés, bien plus à plaindre aujourd'hui qu'ils ne l'étaient avant la réforme amenée par Pinel. A cette époque, en effet, on enfermait à peine en France le dixième des fous que l'on y emprisonne aujourd'hui, et dont le septième meurt chaque année. Presque tous les fous succombent à l'influence mortelle des asiles qui, de l'aveu même des médecins aliénistes, sont la pire espèce des prisons.

Ce sont surtout les fous de première et de seconde année dans les asiles qui fournissent la plus grande part à la mortalité : en effet, un tiers d'entre eux meurt, un tiers à peine se guérit et les autres, devenus incurables, remplissent les vides de la déplorable population à laquelle ils sont mêlés. Cette population s'élève aujourd'hui au chiffre effrayant de 28,000 :

les aliénistes voudraient la doubler, parce qu'il y a en France environ 60,000 aliénés.

Je dois citer ici des chiffres que l'on ne puisse pas contester. Dans son traité des maladies mentales, Esquirol nous donne, en 1838, la statistique de Charenton. En huit années il y a eu un mouvement de 1,590 aliénés qui se décompose ainsi : 540 décédés, 518 guéris et 528 rendus à leurs familles sans amélioration, soit, par année, 198 entrants, 68 morts, 64 guéris et 65 rendus à leurs familles comme incurables.

M. Girard de Cailleux, inspecteur général des aliénés de la Seine, nous donne la statistique suivante de l'asile d'Auxerre, dans ses *Études pratiques des Maladies mentales* (Paris 1863). Sur 1,506 admissions pendant une période de dix-sept ans, il y a eu 478 morts, 331 guérisons et 697 incurables, soit, sur 1,506 malades, 1,175 morts ou incurables pour 331 guéris, ou bien, en moyenne et par année, 88 entrants, 28 morts, 19 guéris et 41 incurables.

D'après les statistiques publiées par l'administration publique, de 1853 à 1859, les aliénés à la Salpétrière et à Bicêtre sont morts dans la proportion de 1 sur 3.42 centièmes par année, soit plus de 28 p. %, et les 3,267 aliénés transférés de Paris dans les asiles départementaux ont fourni une mortalité plus effrayante encore : elle a été de 1 sur 2.30 centièmes, aussi par année, soit 43 p. % de 1844 à 1858.

Mais en négligeant, pour établir la moyenne de la mortalité dans les asiles, ce dernier élément comme accidentel, quoiqu'il ait une haute

signification scientifique, en ne tenant compte
que des moyennes données par Esquirol à
Charenton, M. Girard de Cailleux à Auxerre
et l'administration publique à Bicêtre et à la
Salpêtrière, nous arrivons encore à une mortalité moyenne de 29 p. %. En la réduisant de
moitié comme mortalité moyenne de tous les
asiles de France, leurs 28,000 pensionnaires
nous donnent, au minimum, par année, 4,000
morts, 4,000 incurables pour moins de 4,000
guéris. Je suis loin d'exagérer, puisque les
4,000 aliénés de la Seine perdent à eux seuls
plus de 1,000 personnes par année.

Cependant, Messieurs les Sénateurs, la folie
n'augmente presque pas les chances de mort
de ceux qu'elle frappe, et qui, dans les cir-
constances ordinaires, ne devraient perdre que
1/56me de leur nombre. Cela est si vrai que
dans son rapport à M. le préfet de la Seine,
M. Girard de Cailleux dit : « On a pu consta-
ter l'uniformité constante de ce fait érigé en
loi : que le genre d'affections auxquelles suc-
combaient les malades dans les asiles était en
rapport avec la nature de leur alimentation. »
D'où suit nécessairement déjà la conséquence
que ce sont les asiles qui créent les maladies
auxquelles succombent les fous ; mais Messieurs
les Sénateurs, ils les créent par des influences
multiples que je vais vous signaler.

Esquirol nous dit que certains fous se livrent
au désespoir quand on les isole et qu'il y aurait pour eux danger de mort si on leur con-
tinuait l'application de ce système.

M. Jules Falret, dans son rapport sur la co-

lonie de Gheel ; nous dit qu'il a vu là quelques
fous contestant violemment le droit que l'on a
de les retenir ainsi séquestrés loin de leur pays
et de leur famille : il a surtout observé ce
sentiment chez des femmes qui regrettent leur
maison ; leur ménage, leur intérieur et prin-
cipalement chez des mères de familles qui se
plaignent aussi amèrement, que dans les asiles,
d'être séparées de leur mari et de leurs en-
fants.

Ellis, Pinel, Esquirol, Guislain, MM. Da-
gonet, Falret et Lemoine, nous disent, avec
tous les autres aliénistes, que le chagrin est
une des causes les plus puissantes des maladies
mentales. M. Falret et M. Lemoine entr'autres,
nous racontent le désespoir des malheureux que
l'on conduit et que l'on enferme dans les asiles.
Mais si le chagrin, le désespoir rendent fou et
font mourir, comment pourraient-ils guérir la
folie ! les malheureux aliénés ont bien d'autres
ennemis dans les asiles.

De l'aveu même des médecins de ces éta-
blissements, ces pauvres gens sont souvent
empoisonnés par l'air infect des dortoirs et des
salles dans lesquelles on les renferme, où au
lieu de 24 mètres cubes au moins qu'ils devraient en avoir, on leur en donne souvent à
peine 6 ou 7 mètres cubes ; ils sont victimes
de la brutalité ou de l'incurie de leurs gar-
diens ; enfin, chose honteuse à dire, on spé-
cule sur leur nourriture et sur leur travail, ainsi
que l'affirme M. Girard de Cailleux, dans le
rapport déjà cité, d'où j'extrais les passages
suivants :

« Les aliénés de la Seine devinrent l'objet d'un véritable lucre et de soins insuffisants... en général, les vêtements des malades laissent beaucoup à désirer, quand ils ne sont pas insuffisants, déchirés ou malpropres... je pourrais citer des asiles où j'ai trouvé des aliénés étendus et fixés sur de la paille au moyen de liens attachés à des entraves, aux manches de leurs camisoles et au sommet du dos, rappelant ainsi sous une autre forme les tortures de Procuste... Le régime alimentaire pèche généralement par un défaut d'alimentation animale et par une exagération de substances végétales... La mortalité, par suite d'affection abdominales, était une des conséquences de cette vicieuse nourriture... La surveillance est souvent insuffisante et exercée d'une manière incomplète. Les directeurs s'occupent plutôt à profiter des labeurs, le plus souvent industriels, des aliénés valides, qu'à appliquer à ces travaux ceux dont le produit n'est pas en rapport avec les efforts qu'ils exigent. D'un autre côté, on impose à ceux dont on peut tirer bon parti une continuité d'efforts qui dépassent souvent les limites d'une sage mesure... D'autres, quoiqu'à peu près ou même guéris, séjournent indéfiniment dans les asiles, soit parce que le médecin redoute de compromettre sa réputation scientifique, en cas de rechute, soit parce que l'asile est intéressé à conserver un travailleur, qui, outre les services qu'il rend, procure encore des bénéfices par le prix élevé de sa pension, et dont le départ occasionnerait de nouveaux frais par la remise du pécule... Que reste-t-il à ces infortunés pour stimuler leur spontanéité? la famille, l'amitié, ne les ont elles pas souvent abandonnés, et si le département où ils sont domiciliés paye leur dépense, ne les a-t-il pas cruellement privés de cette vue du sol des souvenirs qui nous rattachent au passé et nous laissent l'espérance. » Enfin, M. Girard de Cailleux nous apprend qu'on fait coucher les fous à six heures et demie du soir pour les faire lever sans doute, en hiver, à sept heures du matin. Mais cet alitement si prolongé pour des hommes souvent pleins de vigueur, indépendamment d'autres inconvénients graves, n'a-t-il pas celui d'amener la plupart du temps les plus tristes et les plus fatales habitudes!

Vous pensez sans doute, Messieurs les Sénateurs, qu'après un exposé semblable des maux que causent les asiles, M. Girard de Cailleux va vous demander leur suppression : il veut au contraire qu'on les étende, qu'on les multiplie, et tous les médecins aliénistes en France ou à peu près tous, partagent son opinion.

Aujourd'hui, trois mille fous, au moins, succombent chaque année, dans nos asiles, au froid, à la faim, à une nourriture insuffisante, à des travaux excessifs et au désespoir, pendant que trois mille autres que l'on aurait pu facilement guérir en les soignant dans leurs familles ou dans leurs communes, y deviennent incurables, et tout cela parce qu'un homme de bien a manqué de jugement. Pinel, en effet, n'a pas compris, Messieurs les Sénateurs, que les maisons, où de son temps, on enfermait les fous, n'étaient considérées que comme des hospices d'incurables, il les a prises pour des hôpitaux, et chose étrange, en même temps qu'il recommandait sévèrement d'isoler les aliénés en traitement, il recommandait par la contradiction la plus flagrante de les réunir en grand nombre dans ces maisons, pour les y soigner, pour les y guérir.

Mais la folie est la maladie nerveuse qui se communique le plus facilement par imitation. Un grand nombre de médecins aliénistes et d'employés dans les asiles y deviennent fous : le moyen-âge et les siècles qui nous touchent nous fournissent une foule d'exemples de folies devenues épidémiques par imitation, et aujourd'hui encore, nous avons dans les Hautes-Alpes un village dont une grande partie de la population est démonolâtre. Aussi un savant médecin d'asile, M. le docteur Morel a-t-il terminé par ces sages paroles un long article sur cette cause de la folie : « Tout cela, dit-il, doit engager les médecins à attacher une importance capitale à la cause imitation, à la contagion de l'exemple, lorsque surtout on est consulté par des individus qui, en raison de leurs prédispositions héréditaires, de leur tempérament hyponchondriaque, en raison de telles ou telles autres causes prédisposantes, sont plus aptes que d'autres à contracter la folie. » Et bien, c'est justement à cause de ce caractère contagieux que la folie est si difficile à guérir dans les asiles ; chaque fois, en effet, que la nature fait un effort en faveur de l'aliéné, chaque fois qu'il touche à la convalescence, l'horrible milieu dans lequel il est plongé rend cet effort inutile et redouble la folie.

Messieurs les Sénateurs, en estimant la moyenne de la vie d'un homme à quarante ans, dans ce court espace, les asiles français tuent cent vingt mille de nos concitoyens et ils en rendent incurables cent vingt mille autres que l'on aurait pu guérir. Voilà un des résultats de cette affreuse institution des asiles d'aliénés. Je dis un des résultats. Je n'examinerai pas cette question au point de vue économique, au point de vue de la perte énorme de travail utile qu'auraient pu accomplir ces malheureux rendus à la société. Je ne dirai rien des trois cents millions que, dans le même espace de quarante années, dévorent les asiles aux communes et aux départements, mais je ne passerai pas sous silence l'influence morale qu'une institution semblable exerce nécessairement sur la société tout entière.

On se plaint aujourd'hui, à tort ou à raison, de l'affaiblissement des liens de la famille, mais est-ce que les douze mille fous que l'on emprisonne chaque année n'ont pas chacun deux familles s'ils sont célibataires et trois s'ils sont mariés ? familles auxquelles on apprend pratiquement combien il est facile de se débarrasser de son père, de sa mère, de ses frères, de ses sœurs, de ses plus proches parents, en les jetant dans l'antre toujours béant des asiles, alors, qu'au contraire, on devrait leur prodiguer chez eux les soins les plus empressés, les entourer de toute affection, de toute tendresse. Eh bien ! Messieurs les Sénateurs, dans l'espace de quarante années, dans la durée moyenne d'une vie humaine, on apprend ainsi, pratiquement, à plus d'un million de familles, l'oubli complet du plus sacré de nos devoirs!

Ne faut-il pas que les liens du sang soient imprimés bien fortement dans le cœur de l'homme pour résister encore à une action aussi dissolvante!

Mais les fous sont dangereux, tous les jours on publie les plus affreux accidents amenés par leur fureur ou par leur déraison... Quelques fous sont dangereux sans doute, au moment où leur folie éclate, alors qu'on n'avait pu prendre aucune précaution contre elle, et ce danger, quoiqu'on fasse, existera toujours. Mais une fois la folie déclarée, rien n'est plus facile que de maintenir, que de soigner le fou le plus furieux, et c'est en général celui-là qui sera le plus facile à guérir, sans l'éloigner de sa famille, sans l'isoler des gens raisonnables, comme le prescrivent si illogiquement les médecins aliénistes.

Messieurs les Sénateurs, dans l'espace de quarante ans, dans une petite ville des Vosges qui contient à peine 4,500 habitants, j'ai vu dix-huit personnes aliénées, qui toutes vivent encore. Huit d'entre elles ont eu le *delirium tremens*, l'une d'elles a une folie incurable, due à une otite chronique grave, mais elle est calme et travaille. Une autre a le *delirium tremens*, qu'elle entretient par son ivrognerie, mais elle est inoffensive; une troisième a une manie aiguë, qui cèdera probablement en quelques semaines, les quinze autres sont toutes rétablies, et parmi elles, j'en pourrais citer bon nombre de très honorables, très sensées, très laborieuses et très estimées de tous leurs concitoyens. Si les médecins de ces dix-huit aliénés avaient eu moins de prudence, tous auraient été envoyés dans un asile, et là, au lieu de quinze guérisons sur dix-huit malades, on aurait eu six guérisons, six morts et six cas incurables. Voilà un résultat du traitement des aliénés dans leurs familles.

Messieurs les Sénateurs, vous connaissez l'établissement de Gheel, où neuf cents fous vivent disséminés chez les paysans, jouissant tous de la plus grande liberté : Je dis tous, car sur ces neuf cents malades, dix-huit seulement ont des camisoles de force ou d'autres appareils de contention. 18 sur 900 ! Voilà le nombre des fous véritablement dangereux, des fous que l'on peut enfermer dans un asile quand leur maladie n'a pas cédé à un traitement suffisamment long et dirigé par un médecin habile. Dans ces conditions, l'asile d'Auxerre, un de nos moins considérables, suffirait pour tous les aliénés dangereux de la France. A Gheel, qui est à nos portes, on guérit deux fois plus de malades que dans nos asiles, et il en meurt deux fois moins, ainsi que le proclamait naguère l'honorable et savant docteur Bulkens, au congrès médical de Lyon. M. le docteur Bulkens est médecin en chef de l'établissement de Gheel, sur lequel il a publié les plus intéressants rapports.

Appuyé sur ces faits, sur ces considérations,

je viens, Messieurs les Sénateurs, vous supplier d'intervenir près du gouvernement : 1° pour qu'en continuant aux familles indigentes un secours annuel toujours moins grand que la pension payée dans les asiles, on leur rende, dans les petites villes et dans les campagnes surtout, leurs aliénés paisibles ; 2° pour inviter les départements à instituer chacun, dans un village un service d'aliénés, semblable à celui de Gheel ; pour cette institution il ne faut aucun frais de premier établissement, il ne faut que de bons cœurs, que des âmes charitables, et Dieu merci, ils ne sont pas plus rares en France qu'en Belgique ; 3° enfin, pour reviser la loi de 1838 sur les aliénés, loi fatale qui aggrave toutes les misères que j'ai déroulées devant vous, et qui, si la famille humaine pouvait jamais être détruite, serait le plus puissant agent de cette œuvre funeste.

Une loi sur les aliénés, Messieurs les Sénateurs, devrait commencer par poser en principe qu'il est de devoir étroit, rigoureux, pour les familles, de soigner chez elles surtout, ou au moins à côté d'elles et sous leur inspection immédiate, leurs malheureux parents aliénés, les familles riches à leurs frais, les familles pauvres, aux frais de la commune et du département. Cette loi devrait commander ensuite, aux populations, le respect de l'aliéné et appeler à son aide, pour cela, non-seulement tous les instituteurs laïques ou religieux, tous les pères, toutes les mères de famille, mais aussi tous les agents auxquels la police est confiée, elle devrait punir sévèrement ceux qui, en

manquant aux égards dus aux malheureux aliénés, descendraient ainsi, non - seulement bien
au-dessous des peuples barbares, mais au-dessous même des peuples les plus sauvages.

Cette loi devrait accorder aussi à l'aliéné la
garantie que vous ne refusez pas au plus vil
scélérat, un jury qui serait composé d'abord du
conseil de famille et d'un nombre égal de ci-
toyens honnêtes, présidé par le juge de paix
dans les cantons ruraux, ou par le président
du tribunal dans les villes où il y en aurait un.
Ce jury interrogerait la famille, le malade, le
médecin, et les voisins si cela était nécessaire,
pour s'assurer que les causes de la maladie
n'ont rien de répréhensible, que le traitement
à domicile ou dans la commune a été exécuté
suivant les prescriptions du médecin et suffisamment prolongé, pour décider enfin si l'a-
liéné est ou n'est pas dangereux. Ce ne serait
que sur le rapport de ce jury, d'après sa déci-
sion formelle, que le fou serait placé dans un
asile, ou mieux, bien mieux, dans le gheel
créé par le département. Dans le cas où l'aliéné
devrait sa maladie à de graves sévices dont ses
parents seraient les auteurs, le jury, devançant
quelquefois en cela la justice, devrait pouvoir
ôter temporairement tous droits sur la personne
du malade, à celui ou à ceux qui en auraient
mésusé.

Messieurs les Sénateurs, j'ai rempli un grand
devoir en vous signalant les énormes abus dont
les malheureux aliénés sont aujourd'hui les
victimes en France et dans tant d'autres pays.
J'ai déroulé devant vous une partie du tableau

de leurs misères; j'ai laissé à d'autres le soin de vous dire avec quelle extrême facilité l'héritier avide, le mauvais parent, peut, aidé par la loi de 1838, faire enfermer pour jamais dans un asile, la personne la plus raisonnable. J'ai fait, comme citoyen, un appel à votre charité, à votre justice; cet appel sera entendu, j'en ai l'espoir.

Daignez, etc.

Plombières, 10 janvier 1865.

L. TURCK

*Docteur-Médecin, ancien Représentant du
Peuple, Membre du Conseil général du
département des Vosges.*

Gray. — Imprimerie et lithographie de A. Roux.

140

9 782019 657932